Yf g21

SUR L'ART
DU COMÉDIEN

Numéro

Y

SUR L'ART

DU COMÉDIEN

LETTRE

A

MLLE EUPHRASIE POINSOT

PREMIÈRE CHANTEUSE AU GRAND OPÉR , A PARIS.

3 JANVIER 1852.

PARIS

IMPRIMERIE DE J. CLAYE ET CIE

RUE SAINT-BENOIT, 7.

1852

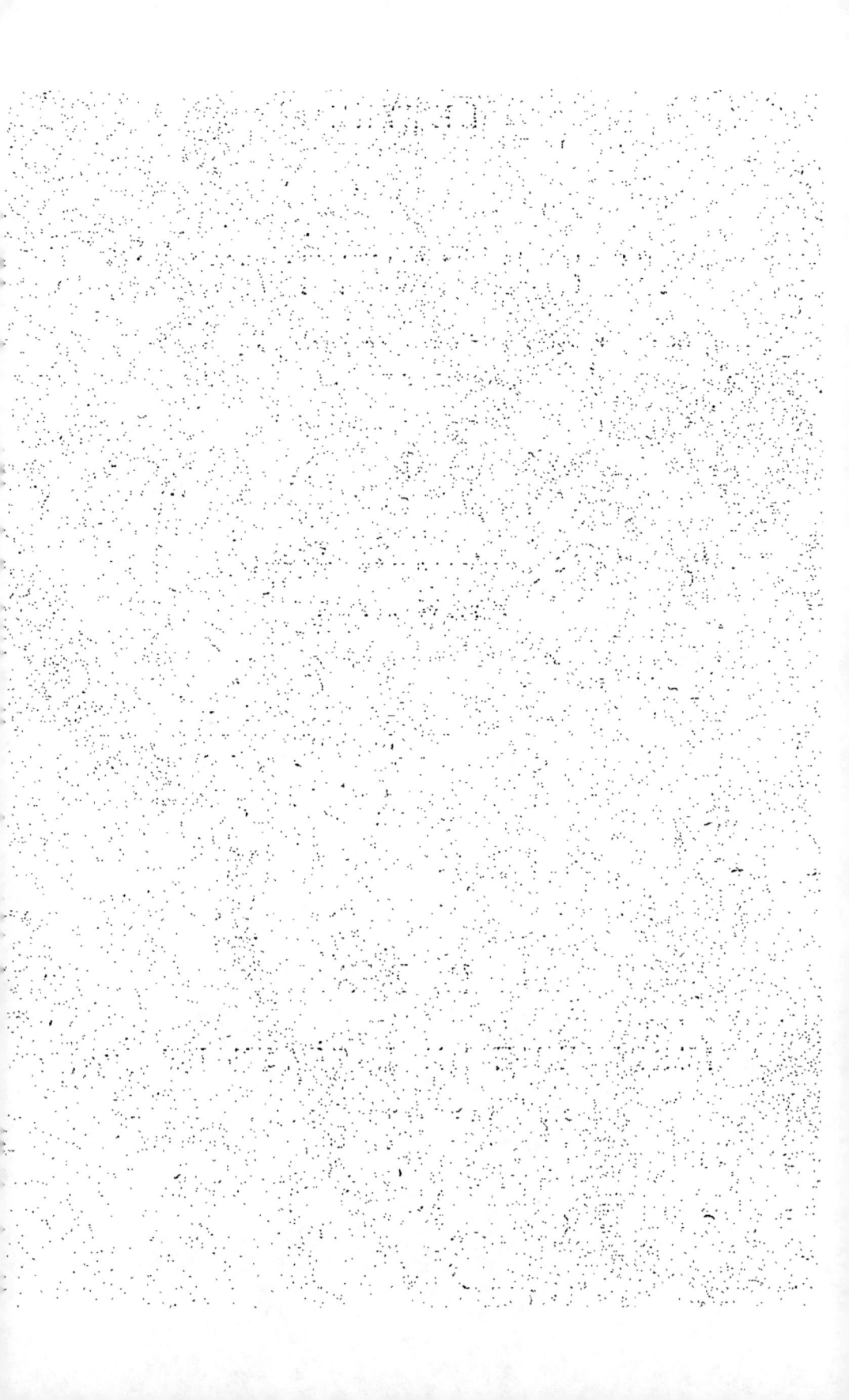

Ces notes n'étaient pas destinées à l'impression. Elles n'ont que le mérite d'avoir été agréées avec trop d'indulgence par la personne pour laquelle elles avaient été recueillies. Quelques amis de mademoiselle Poinsot et de l'auteur ont désiré en garder le souvenir. C'était chose difficile que de les copier plusieurs fois; de sorte qu'on a pris le parti le moins embarrassant, celui d'en faire une petite brochure. Elle sera tirée à vingt-cinq exemplaires seulement, tous donnés à des amis. Peu connue, elle sera peu critiquée; au surplus, le nom de la jeune et savante cantatrice pour qui cet opuscule est écrit sera son passe-port, et aussi une sauvegarde contre la faiblesse de sa rédaction. L'auteur n'a pas l'habitude d'écrire; on ne le verra que trop!

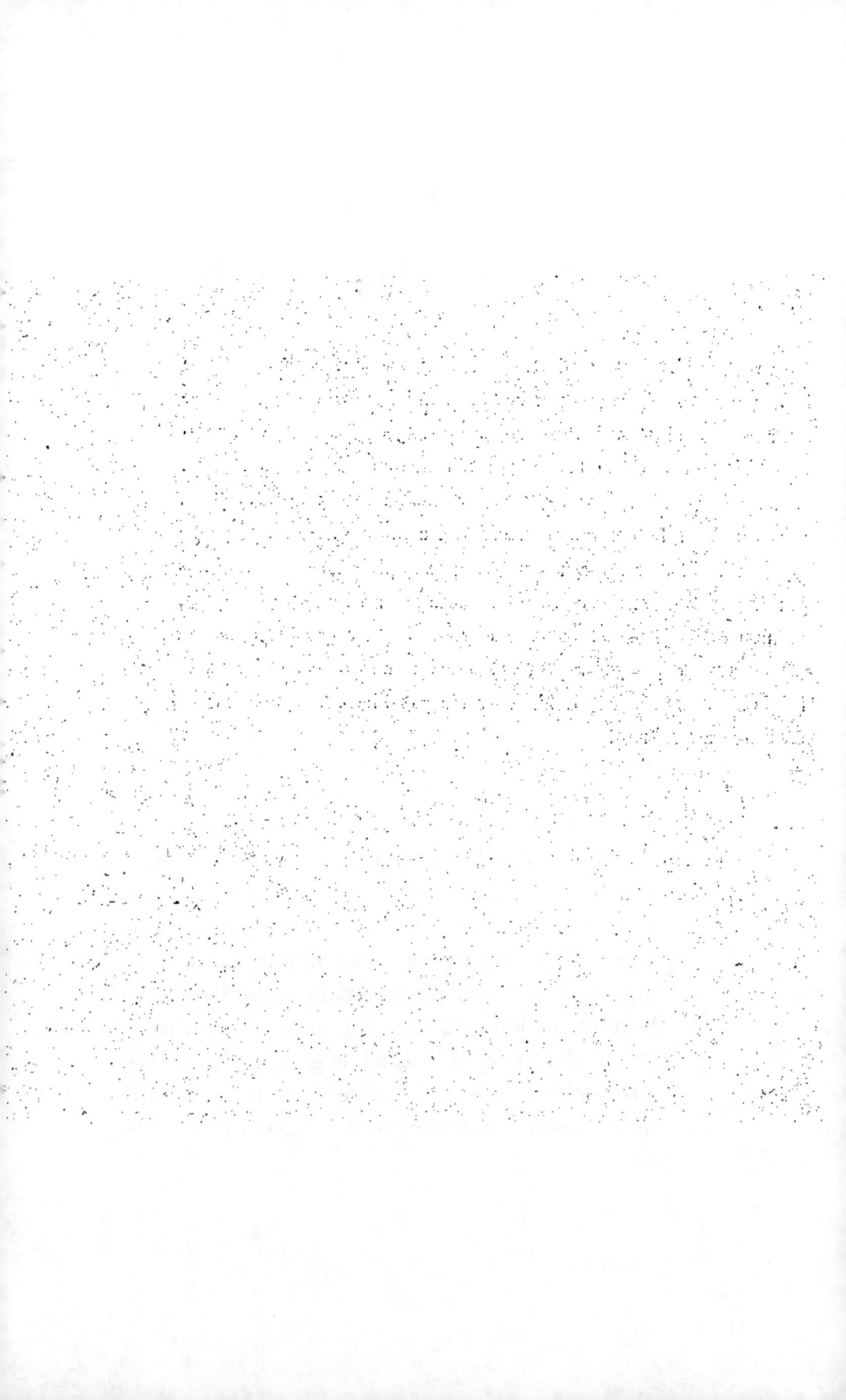

SUR L'ART

DU COMÉDIEN

LETTRE

A Mlle EUPHRASIE POINSOT

Mademoiselle, on l'a dit depuis longtemps, rien n'est impossible à qui le veut fermement. Il est sous-entendu que celui qui veut fermement fait tout ce qu'il faut et toujours pour arriver au but : c'est à ce but qu'il faut toujours penser. On demandait à Newton comment il était parvenu à découvrir la gravitation ; il répondit : « En y pensant toujours. » — La Champmeslé, si tendrement aimée de Racine, avait paru plongée dans de sérieuses réflexions un jour de fête ; un des amis de Racine lui en demanda la raison ; elle répondit qu'elle allait créer le rôle de Monime : il lui fut répliqué qu'il y avait temps pour tout. « Comment, répon-

« dit-elle, ne penserais-je pas continuellement à un
« art pour lequel je suis tant aimée! » — Le Poussin, à qui Vigneul de Marville demandait comment il était devenu un aussi grand peintre, lui
répondit avec simplicité : « Je n'ai rien négligé. »
— Le maréchal de Berwick raconte dans ses Mé-
moires que, n'étant encore que cornette, il se disait, chaque matin, pendant un certain temps :
« Tu seras maréchal de France! » Longtemps il se
répéta cette résolution, et il est devenu maréchal
de France. Il eut même le bonheur d'être tué à
soixante-quatre ans, sur le champ de bataille, le
jour d'une victoire [1].

Bien des personnes ont répété et prouvé que *vouloir c'est pouvoir* : vos succès prouvent que ces
mots sont aussi votre devise. Je suis heureux d'avoir
à compter une grande comédienne, mademoiselle
Louise Contat, parmi les célébrités contemporaines
qui ont cru à la puissance de la volonté. On arrive
à la gloire dans tous les arts, dans toutes les scien-
ces : on y arrive plus sûrement encore, quand aux
talents éminents qu'on laisse admirer, se joignent
l'estime et la considération des admirateurs.

Je suis si vieux, que j'ai de vieux souvenirs. On
ne s'est pas occupé d'arts pendant plus de quarante
ans, sans qu'il se soit gravé plusieurs observations dans la mémoire. Je vais vous en soumettre

---

1. Quand le maréchal de Villars apprit cette glorieuse mort, il
s'écria : « J'avais toujours dit que ce b.....-là était né heureux! »

quelques-unes. Je n'ose penser qu'elles pourront
vous servir grandement ; mais, au moins, elles ne
gêneront pas la marche progressive de vos études
et de vos succès ; et, s'il arrivait que vous jugeas-
siez peu favorablement de ces lignes, vous leur
pardonneriez, j'en suis sûr, en faveur du dévoue-
ment et de l'intention.

On est comédien, ou par métier, ou par vocation.
Je ne veux pas m'occuper, ils ne me paraissent pas
le mériter, de ceux qui adoptent la première raison d'entrer au théâtre ; je parlerai donc seulement
ici de ceux qu'un sixième sens, le *Mens divinior*,
pousse au sanctuaire des muses pour les servir,
quelquefois même pour les égaler.

Il y a deux moyens pour exercer, pour cultiver
l'art du comédien ; l'*inspiration* et le *travail*.

Les comédiens qui ont le génie de leur profession,
le *vis comica*, plaisent ordinairement plus que ceux
qui arrivent au but par travail, par calcul, par art.
Les premiers sont généralement inégaux dans les
effets qu'ils produisent à la scène ; ils sont souvent
insaisissables pour leurs auditeurs. Ils peuvent
même faire des fautes bientôt rachetées par les
éclairs de leur génie. Ils arrivent en scène sans parti
pris d'avance, et provoquent un jour l'admiration
sur des traits passés inaperçus la veille. Ils com-
muniquent leur feu sacré aux spectateurs qu'ils
tiennent en émoi pendant toute la durée du rôle.
Ils leur font partager leur fièvre, et leur feraient
pour ainsi dire croire qu'ils partagent avec eux leur

talent. Cette bonne opinion qu'ils donnent d'eux-
mêmes à leurs auditeurs fait qu'ils en sont les
idoles ; aussi les bravos qu'on leur prodigue vont
souvent jusqu'au délire.

Les comédiens inspirés ne s'écoutent pas parler ;
ils obéissent à leur génie. Identifiés avec leur rôle,
leurs auditeurs y sont identifiés eux-mêmes ; tant
les grands mouvements de l'âme sont contagieux !
Soutenus pendant qu'ils sont en scène par une sorte
d'énergie nerveuse, ils éprouvent un certain mal-
aise, une fatigue grande quand ils ne sont plus sur
le trépied.

Quand, à ce mérite de l'inspiration, le comédien
sait joindre un travail soutenu, un calcul des effets
scéniques, l'acteur est parfait ; mais cette perfection
arrive quand déjà quelques années sont venues mû-
rir, diriger cette inspiration. Les jeunes comédiens,
en général, ne calculent pas assez les effets de la
scène : ils se laissent emporter par la folle du logis ;
et les écarts qu'elle leur conseille et où elle les
pousse, plaisent aux jeunes auditeurs toujours in-
dulgents pour les témérités de la jeunesse.

Parmi les grands comédiens jouant d'inspiration,
dont la réputation n'est pas encore éloignée, je cite-
rai Lekain, Grandval, Clairval ; Ellevion ; Talma,
Dugazon, Grand-Mesnil, Dozainville, Champmeslé,
Lecouvreur, Clairon, Arnoult, Raucourt, Louise
Contat, Devienne, Scio, Maillard, Branchu, etc.

J'ai vu souvent plusieurs de ces illustres comédiens, et si je leur ai l'obligation, — ce n'est peut-

être qu'une illusion de ma part, — de m'être per-
suadé qu'en les étudiant je pourrais comprendre
leur art, vous leur devrez, par contre, la résigna-
tion bien nécessaire pour lire les pauvretés écrites
à votre intention.

Remarquons-le d'abord, les sujets de cette catégorie de comédiens inspirés sont arrivés prompte-
ment à la célébrité ; c'est que le feu du ciel éclaire
plus soudainement que le feu allumé par la main
des hommes. Pour guider son inspiration et pour
en régler les effets et les mouvements, le comédien
inspiré doit avoir la mémoire très-ornée ; en un
mot il doit avoir un grand fonds d'instruction solide :
très-certainement vous ne la confondrez pas avec
le souvenir des billevesées de certains feuilletons.
L'inspiration puisée à cette dernière source serait
emphatique, rauque, prétentieuse, *contorsionnée*.
C'est une science à l'usage des marchandes de
modes, des estaminets et des théâtres des boule-
vards qui ne montrent dans leurs drames, ainsi que
nous le disait M. Florence [1], que de la *farce re-
tournée*.

Les comédiens arrivés à force d'art à la célébrité
sont nécessairement plus froids que les comédiens
inspirés. Ils sont plus égaux ; les effets produits par
eux sont toujours les mêmes. Ils savent, à la seconde près, le moment où l'auditoire applaudira.

---

[1]. M. Florence, sociétaire du Théâtre-Français, a été l'un des
meilleurs professeurs du Conservatoire.

Ils marchent toujours sur les mêmes planches ; et quand ils sont à l'apogée de leur talent, leurs rôles sont déroulés avec une précision pour ainsi dire mathématique. Ils sont devenus comme une machine remontée dont les ressorts sont soigneusement cachés. Cette précision ne laisse aucune prise à la critique ; elle tient le spectateur dans une douce quiétude d'esprit, et ne permet aucun mouvement à son âme ; elle le préserve de l'insomnie causée par l'émotion. Cette précision, cette perfection, si vous le voulez, désespère ceux qui seraient tentés de suivre la même carrière. Quand on les applaudit, on ne ressent pas cette contagion, ce mouvement électrique qui éclate chez tous, comme un tonnerre, quand on fête le comédien inspiré ; mais, par toute la salle, un concert de bravos sans passion, sans agitation, sans spasme, se fait entendre, ainsi qu'une *immense claque* organisée [1]. A ces comédiens une faute, une absence de mémoire n'est pas pardonnée ; ils ont habitué leurs auditeurs à une glace tout unie qu'ils viennent de briser.

La célébrité de ces comédiens arrive tard le plus ordinairement ; car tous leurs calculs sont le produit du temps : l'inspiration, au contraire, est le résultat instantané du génie. Un grand rôle, par eux, est chargé de petits effets qui étonnent par leur nombre, par leur justesse, par les détails dont

1. Je vous demande bien pardon si, pour mieux rendre ma pensée, je me sers d'un mot de l'argot d'Auguste et de son continuateur David, chefs de claque à l'Opéra.

le faisceau, grossissant chaque jour, atteste une grande patience et un immense talent d'observation. Ce dernier talent devient chez eux si grand, si précis, qu'ils jouissent, comme leurs auditeurs, des effets de leur travail. Ils ont éprouvé, pendant la durée de leur rôle, la seule fatigue de la mémoire; et l'un d'eux (Michaud) pouvait dire en descendant du théâtre : « Allons faire notre partie d'échecs! »

A son âme seule le comédien inspiré doit sa gloire : il est plus véritablement créateur; mais aussi peut-il y avoir plus d'écarts, plus d'irrégularité dans son jeu, à moins qu'il ne joigne à l'inspiration un peu du mérite du comédien observateur. L'inspiration ne dispense pas du travail ; et quand les deux qualités se trouvent réunies dans le même artiste, il devient un Lekain, un Talma, une Clairon, une Lecouvreur, une Maillard.

Parmi les comédiens devenus fameux par leur travail, par leur talent d'observation, par l'art, je citerai Monvel, Fleury, Saint-Phal, Michelot, les Baptiste, Martin, Solier, Dazincourt, Lafond, Larive, Laïs, Perlet, Tiercelin...; mesdames Mars, Vestris, Fanier, Mézerai, Rose Dupuis, etc. [1]

J'ai eu l'honneur de connaître, et même très-particulièrement, plusieurs des grands noms cités dans les deux catégories que j'ai établies. J'ai même

---

1. Je suis tout disposé à reconnaître de la célébrité aux danseurs. Comme je proclame mon insuffisance d'intelligence à leur égard,

été assez heureux pour assister aux leçons de plusieurs d'entre eux : je crois avoir compris leurs conseils à la classe et au théâtre; et, d'après eux, je me suis fait la doctrine, trop diffuse peut-être, que j'ose vous soumettre. Je le sens bien, je suis un peu comme Gros-Jean, qui croit en remontrer à son curé; mais dussiez-vous rire de mes modestes prétentions, je veux vous le dire encore : je vous classe dans la catégorie des artistes inspirés. Ce sont, à mon avis, les préférables; c'est d'eux aussi qu'on attend et qu'on exige le plus; pour eux il n'y a pas de temps d'arrêt : il y a toujours un démon qui les pousse et qui leur crie : Marche! marche! Leurs auditeurs se disent en les voyant paraître : *Deus, ecce Deus!* et s'arrogent le droit de beaucoup exiger d'eux. Ce n'est pas seulement du plaisir qu'ils veulent, c'est du bonheur : ce qui vaut mieux dans toutes les positions de la vie. Il y a là toute la distance de Valentine à Ververt[1] : voilà, je l'espère, de l'actualité!

Examinons ensemble, s'il vous plaît, Mademoiselle,

je n'en parlerai pas. Les mouvements automatiques d'un visage

Pendant un acte entier grimaçant le sourire

DORAT.

m'étonnent bien plus qu'ils ne me séduisent. Vous ririez bien si je vous disais tout bas le nom de la danseuse que je distinguerais, si j'avais à en préférer une aujourd'hui.

1. A la date de cette lettre, on donnait, à l'Opéra, le ballet assez peu goûté de *Vert-Vert*; et mademoiselle Poinsot, à la même époque, jouait avec une grande distinction le rôle de Valentine de l'opéra des *Huguenots*.

quelles études doit faire le tragédien. Comme il a
le plus souvent des passions nobles ou grandes
à représenter, et qu'il a un public d'élite à in-
struire, à émouvoir, il doit nourrir son esprit de
faits nobles ou grands ; laissant aux comédiens
chargés de représenter les détails de la vie des
classes inférieures, le soin de les étudier dans les
auteurs qui s'en sont faits les historiens. Vous seriez
bien étonnée d'apprendre de combien peu d'ouvrages se composait la bibliothèque de mademoiselle
Raucourt ; j'en ai conservé le catalogue, qui note 108
ouvrages formant 470 volumes. Je lui ai entendu
professer la pensée de la nécessité, pour un comédien sérieux, d'avoir une instruction sérieuse. Je l'ai
vue gronder, gourmander une jeune tragédienne
du nom de Maillard, lui reprochant de perdre son
temps à lire des ouvrages futiles qui pouvaient lui
faire oublier les graves leçons qu'elle venait chercher à son cours. Comment voulez-vous, lui disait-
elle, qu'il se maintienne[1] une allure tragique chez
une personne occupée de si légers écrits ? Mademoiselle Raucourt[2] ne pensait qu'à son art, en parlait continuellement ; et quand elle se fut retirée
de la scène elle voulut faire passer chez ses élèves
les pensées de dignité, de gravité, de noblesse,

[1] Mademoiselle Raucourt disait : « Comment voulez-vous qu'il
se niche..... » Le mot est peut-être trivial, mais il est plus expressif.

[2] Mademoiselle Raucourt n'avait pas reçu d'éducation première,
elle devait à elle seule son grand talent. Elle laissait bien échapper
de légères fautes d'orthographe dans ses lettres ; mais jamais dans la

2

qu'elle y avait toujours montrées. C'est que sa vocation était prise au sérieux, et s'était pour ainsi
dire transformée en mission. Elle recommandait à
ses disciples de s'habituer à parler lentement; elle
voulait que leur voix ne s'arrêtât pas aux lèvres; elle
fulminait contre la minauderie de langage et contre
l'étroitesse des gestes. « Soyez-en bien persuadés,
« nous disait-elle, il n'y a que la voix de poitrine
« qui émeuve; et les mots à effet, si brefs ordinai-
« rement, sont ceux qui doivent être prononcés le
« plus lentement, le plus solennellement. »

Mademoiselle Raucourt professait que jamais on
ne peut devenir un grand artiste quand on ne se
fait pas une grande idée de son art. Elle avait ex-
cellé dans le sien en *y pensant toujours;* aussi re-
commandait-elle à ses élèves de ne pas être une
heure sans penser à leur art; et d'accepter sobrement les grandes distractions qui font oublier en
peu d'heures le fruit des études de plusieurs mois.

Madame la comtesse Regnault l'ayant invitée en
1808 à une soirée improvisée, en reçut cette réponse:
« ...Je vous en prie, excusez-moi, Madame; je dois,
« le lendemain, jouer *Athalie.* » Elle sentait combien était grande la distance entre les pensées de
dissipation que laisse une fête, et le recueillement

conversation elle ne faisait de fautes de langue ni de fautes de goût.

Mademoiselle Maillard, son élève, est morte fort jeune (vers
1810) d'une maladie de poitrine, après des débuts brillants à la
Comédie-Française. La pauvre enfant aimait autre chose que son
art, et cet autre amour n'a pas peu contribué à la tuer. Elle a voulu
servir deux maîtres : c'était bien assez d'un pour ses forces.

qui doit précéder le déroulement d'un tel chef-d'œuvre devant l'élite de la capitale [1]. Avec une pareille observation des convenances de son état, un artiste se fait chérir, admirer du public : avec ce profond sentiment de son art, il parvient à y exceller.

Les souvenirs que je vous rappelle ici sont peut-être de la science ; la tradition elle-même est aussi de la science : c'est la mémoire des choses passées ; et quand il s'agit des leçons, des exemples donnés par l'élève, par l'émule de Clairon, ces leçons, ces exemples sont des préceptes.

Mademoiselle Mars, je le crois bien, aimait passionnément son art ; car elle était tellement jalouse d'applaudissements qu'elle aurait voulu, en quelque sorte, les accaparer. Elle concentrait sans doute dans son âme ses réflexions sur son art avec l'intention secrète de n'y initier personne ; car elle en parlait assez rarement dans son intérieur ou chez les autres. Je puis dire aussi que jamais personne n'a poussé plus loin l'élégance et la sévérité de la toilette au théâtre. Après avoir joué plus de cinq cents fois *Célimène*, elle s'occupait personnellement, avec un soin excessif, d'un gant, d'un ruban, d'un

1. Le temps n'était pas encore arrivé où un chanteur devait avoir la hardiesse de faire remettre un spectacle affiché pour le jour même, sous prétexte d'une indisposition subite qui n'était qu'un besoin de repos après une fête donnée chez lui la veille, se moquant ainsi du public, du directeur du théâtre, à qui il faisait perdre une recette, et de ses camarades, tous à leur poste au lever du rideau.

bouquet qui devait la parer le soir dans ce rôle ; ne laissant jamais à sa femme de chambre le devoir de s'occuper du *panier* de costumes. Celui qui ne l'aurait pas connue pour la comédienne la plus savante de l'époque aurait pu croire, en voyant des détails aussi minutieux, qu'elle n'était qu'une élégante.

Quant à mademoiselle Louise Contat, qui a laissé l'héritage des grands rôles de la comédie à mademoiselle Mars, après toutefois que plusieurs artistes, mesdames Mézerai, Talma et Dupuis se furent essayées à le recueillir ; quant à mademoiselle Contat, dis-je, elle aimait à parler souvent d'un art qui lui avait toujours procuré des triomphes et du bonheur. A toute heure à la disposition des débutantes et de ses secondes pour leur donner des conseils, elle ne faisait pour personne mystère de son art. Je l'ai vue, souffrante du mal cruel qui nous l'a enlevée, venir au théâtre pour applaudir et embrasser une jeune comédienne à qui elle avait donné plusieurs leçons. Elle trouvait le temps d'étudier, de repasser ses rôles, d'être parfaite dame de maison ; et, par-dessus tout, d'aimer à faire ressortir le talent de ses camarades. Adorable en petit comité, quand son salon était rempli de ses amis et de ses admirateurs, elle semblait à chacun ne s'occuper que de celui à qui elle parlait. Sa toilette, à la ville et à la scène, était tout juste ce qu'il fallait pour être parfaite, laissant faire à son génie pour la rehausser. Affable, affectueuse à tous, elle s'étudiait à faire que ses amis le fussent entre eux. Giro-

det parut un jour d'assez mauvaise humeur dans
sa société; il cherchait à ses amis de ces petites que-
relles qui, peut-être, ravivent l'amitié. Mademoiselle Contat s'approcha de lui d'un air souriant, et
lui dit : « Mon ami, est-ce que vous répétez le
Grondeur? » Girodet se calma, se mit à rire, lui baisa
la main, et fut tout le reste de la soirée d'une gaieté
charmante, ce qui lui arrivait assez rarement. Jamais plus grand talent ne fut rehaussé d'une plus
grande simplicité ; et cependant elle ne demandait
pas mieux que de jouer avec les habitudes un peu
outrées de ses amis. Lafond, le magnifique tragédien,
conservait dans le monde un peu de l'emphase tragique. Une fois on parlait d'ameublement, et Lafond
dit d'une voix un peu enflée : « Enfin, je vais faire
« placer un tapis neuf dans mon salon ; celui-là
« durera plus que moi! » Là-dessus mademoiselle
Contat répondit sur le même ton en souriant, et en
imitant la voix solennelle de Lafond : « Cet oracle
« est plus sûr que celui de..... ! » et tout le monde
d'applaudir, et Lafond tout le premier [1].

Mademoiselle Contat, devenue très-grasse, avait
été extrêmement jolie; rarement un esprit aussi
aimable s'était revêtu d'un corps plus gracieux. Elle
racontait ses débuts avec un charme inexprimable,
et je me souviens de l'avoir entendue dire un jour,

---

1. Lafond, que j'ai connu particulièrement, a été mon allié pendant deux ans environ. Il avait épousé une demoiselle Pasquier,
fille d'un ancien conseiller au Châtelet, qui était, par sa femme,
mademoiselle Felize, mon parent; il en a été bientôt veuf.

en nous en parlant : « Je conseille à une femme qui
« veut entrer au théâtre d'être d'abord jolie. J'ai
« dû à ma figure les premiers bravos. J'étais si
« heureuse d'être applaudie en entrant en scène,
« que j'aurais pu, peut-être, me dispenser de tra-
« vailler beaucoup. Chaque soir j'étais contente de
« mes succès, et, je le crois bien, mon petit amour-
« propre s'arrangeait passablement avec ma pa-
« resse. Voici comment je me suis corrigée de ces
« deux vilains défauts. On m'avait fait remarquer,
« au balcon, un assez vieil amateur en manchettes
« de dentelle, qui se montrait mon admirateur très-
« assidu : involontairement mes yeux se tournaient
« souvent vers lui. Je remarquai qu'il ne m'ap-
« prouvait pas toujours. Je redoublai d'attention,
« et je m'aperçus que non-seulement il ne m'ap-
« plaudissait pas avec un parterre qui me gâtait ;
« mais que de temps à autre son approbation était
« remplacée par une petite tousserie. Cela me fâ-
« cha, je ne sais pourquoi ; car cette désapproba-
« tion était, à coup sûr, remarquée de moi seule.
« Je me dis donc à part moi : Louise, ta gentille
« figure n'est pas tout : tu fais sans doute quelques
« grosses fautes, puisqu'un amateur très-désinté-
« ressé à ton endroit condamne les jeunes gens qui
« t'applaudissent. Je me suis mise à répéter chez
« moi les passages blâmés, et je suis parvenue à
« découvrir pourquoi j'avais été blâmée. J'ai étudié
« avec plus de soin ; je me suis réformée, et non-
« seulement mon juge n'a plus toussé ; mais j'ai vu

« depuis, et au même passage, son diamant et ses
« manchettes s'agiter; j'en ai été bien heureuse.
« J'ai fait prier cet excellent homme de vouloir bien
« venir chez moi me donner des conseils. Il s'y
« prêta de bonne grâce; mais avec beaucoup de
« réserve, et tout en protestant de son incapacité.
« Il a été mon ami jusqu'à la fin de sa vie, et m'a
« légué sa bague et ses manchettes. J'ai pleuré ce
« bon M. de Givray. Il avait été pour beaucoup dans
« ma résolution d'étudier sérieusement, et de ne
« plus compter uniquement sur mes jeunes années.
« Il m'a toujours conseillée, encouragée, aimée : je
« vous assure que j'étais, en secret, glorieuse quand
« il voulait bien supprimer le mot de *mademoiselle*
« en m'adressant la parole. » Cette petite anecdote,
que je raconte mal et que mademoiselle Contat disait
si bien, m'est souvent revenue à la mémoire; elle
vous prouvera, au moins, que mademoiselle Contat
n'avait pas, comme tant d'artistes médiocres, la
vanité de se croire parfaite au début de sa carrière.
En effet, le talent, la science, la renommée, ne
peuvent pas s'improviser : elles sont le résultat
d'une longue suite d'exercices, d'études et d'observations intelligentes.

Mademoiselle Mars était sérieuse, grave dans son
salon; on aurait pu presque supposer qu'elle n'y
était pas entièrement à son aise : en petit comité elle
était très-affectueuse, et préférait, on le comprenait,
l'intimité, le coin du feu aux grandes réunions.
Quant à mademoiselle Contat, elle était constam-

ment et partout bonne, gaie, souvent rieuse. La
première, retirée de la scène à soixante-quatre ans,
ne se consola pas d'avoir survécu à sa beauté et à
l'enivrement des ovations quotidiennes. La seconde,
quittant le théâtre à quarante-huit ans, environ,
pleura à chaudes larmes le soir de sa représentation
de retraite. Elle voulut bien embrasser ses camarades qui l'entouraient quand elle eut joué pour la
dernière fois la jolie comédie des *Deux pages;* et
puis, essuyant ses yeux, elle leur dit avec effusion :
« Maintenant, mes amis, je viendrai vous applau-
« dir. » Et s'appuyant sur le bras de M. de Parny,
elle descendit du théâtre sans regrets apparents; et
s'en alla vivre au milieu des siens, entourée des
témoignages d'une amitié qui ne s'est jamais démentie. Elle a conservé sa douceur, son aménité, même
dans les horribles souffrances du mal qui l'a em-
portée quatre ans après sa retraite.

Mademoiselle Contat, mademoiselle Raucourt,
Talma, reconnaissaient qu'un rôle peut être inter-
prété de plusieurs manières, toutes applaudies du
parterre : aussi se donnaient-ils le plaisir de varier
les causes d'applaudissements de leur auditoire. On
pourrait dire d'eux qu'ils étaient insaisissables pour
leur public.

Mademoiselle Mars, Monvel, Fleury, une fois l'intelligence d'un rôle arrêtée, n'en changeaient jamais
l'interprétation. Ils croyaient en quelque sorte à
l'infaillibilité de leur goût; et le parterre se trouvait
heureux de ratifier leur manière de comprendre

leurs rôles. Qui aurait osé juger de tels maîtres ?
Vous le voyez, Mademoiselle, je fais comparaître
devant vous les sommités de l'art. Je suis bien sûr
que vous trouverez quelquefois dans mes souvenirs
matière à de sérieuses observations. Je n'ai pas,
je le reconnais, le droit de tirer aucun précepte
de mon propre fonds : il me faut donc les tirer
de ma mémoire et de mon admiration pour les
grands comédiens qui vous ont précédée. Ceux qui
viendront après vous tireront, à leur tour, des
exemples de vous. Ainsi va le monde ! Vous arrivez
juste à temps pour que les maillons de la chaîne ne
soient pas interrompus ; et le Conservatoire a cela
d'admirable, qu'il est conservateur des grandes tra-
ditions. Avant lui, les artistes étaient toujours obligés d'inventer, de créer ; car les inventions étaient
perdues à chaque fin de règne.

Depuis le grand développement donné aux études générales du Conservatoire, l'art du comédien
et celui du chanteur ont beaucoup gagné [1]. Paris
n'a pas seulement profité de cette amélioration ; la
province a quelquefois à applaudir des artistes qui
se rapprochent de très-près de ceux de Paris : ils y
ont fait les mêmes études. Cette plus grande in-

1. Je laisse à d'autres à décider si la qualité des voix n'a pas
baissé en raison des progrès de l'art du chant : ou bien si le grand
déploiement donné, de nos jours, à la puissance de l'instrumen-
tation ne nuit pas à la conservation des voix. Dans ce dernier cas,
il faudrait peut-être réserver cette grande puissance d'instrumen-
tation pour la musique qui ne doit pas accompagner le chant, les
chœurs exceptés.

struction, cette plus grande valeur personnelle, ont
tourné au profit de la considération accordée aux
artistes. Ils auront eux-mêmes détruit un préjugé
dont bientôt, je l'espère, il ne restera plus rien.

Il est des organisations qui se prêtent plus que
d'autres à certaines études : mais, chez un artiste
de l'Opéra, il faut un double talent, une double
vocation ; il faut réunir la qualité de chanteur à
celle de comédien. L'union, la combinaison de ces
deux mérites fait les Maillard, les Scio, les Stoltz,
les Malibran, les Grisi, les Viardot, etc.; et si je ne
place pas ici un nom encore nouveau, c'est que vous
ne l'accepteriez peut-être pas sur ma garantie ; vous
me diriez : « Vous êtes orfévre !... »

Reconnaissons-le tout d'abord, la qualité dramatique est celle qui produit toujours le plus d'effet
sur les masses. L'âme, on le sent bien, est plus
noble que les oreilles : aussi quand mademoiselle
Masson joue le quatrième acte de *la Favorite*, son
auditoire suit avec amour, et sans trop s'occuper
du chant, la partie dramatique du rôle. Ce même
auditoire admirait naguère mademoiselle Alboni,
comme chanteuse, dans ce même acte, tout en sou-
haitant moins d'insouciance de sa part à en faire
briller le côté dramatique. Les deux qualités étaient
pleinement en évidence quand ce rôle était joué par
madame Stoltz. Aussi, pour exprimer ce double
sentiment, il est reçu, à Paris, de dire qu'un rôle est
joué, à l'*Opéra*, par tel sujet ; et qu'aux *Italiens*,
il est *chanté* par tel autre.

Il existe, au surplus, des règles plus précises pour
la récitation d'un rôle parlé, c'est-à-dire, pour la
comédie et la tragédie, que pour la récitation d'un
opéra. Dans ce dernier genre d'ouvrage, l'accen-
tuation et le geste qui en est le développement,
doivent être, prosodiquement parlant, la consé-
quence de l'expression musicale. Ce sens dramatique et cette expression musicale doivent être continuellement subordonnés l'un à l'autre ; mais ils
doivent néanmoins y rester dans de strictes limites ;
je veux dire sans se dépasser. S'il en était autre-
ment, l'enjambement de l'un sur l'autre produirait,
soit des fautes de prosodie musicale, soit des fautes
d'expression scénique. A la justesse de cette appré-
ciation se reconnaît le grand tragédien-lyrique, qui
doit ménager son compositeur et son poëte, afin de
les faire également briller tous les deux. De cet équi-
libre entre les deux auteurs et leurs deux œuvres
dépend la parfaite interprétation d'un grand ouvrage ; et de telle façon que, sauf le jeu muet qui
peut être continué seulement comme reflet, après le
morceau chanté, l'expression scénique se termine
avec lui. La continuer plus longtemps, serait se met-
tre au niveau des acteurs de boulevard, si heureux
de parader devant un auditoire de guinguettes. Il
faut bien s'en souvenir, l'expression dramatique et
l'expression lyrique sont calculées par le compositeur, de façon à faire un ensemble complet. En laissant marcher l'une avec l'autre, on est sûr d'arriver
à bien avec eux : y ajouter par des gestes, ou par

des allures outrées, serait gâter la noble simplicité
de la grande scène [1].

Et, puisque je viens de parler d'artistes qui,
par leur position, plus encore que par leur goût,
se font exagérateurs, je ne puis trop insister pour
que tous ceux de nos grands théâtres qui se respectent, et respectent le bon goût et les bien-
séances, évitent ces attouchements multipliés di-
gnes de la taverne et de lieux pires encore. Il faut
se le rappeler : l'art doit toujours représenter le
grand, le noble, le beau : or, les attouchements
exagérés et prolongés sont du laid, de l'ignoble ;
ils heurtent par trop souvent le bon ton ; et ceux qui
en abusent oublient que celui qui se le permettrait
dans la vie réelle et dans un certain monde, s'en
ferait chasser. J'ai vu applaudir la leçon un jour
donnée par l'une de vos devancières, mademoiselle Julian, à un acteur qui, dans un moment pas-
sionné, crut devoir lui saisir la main et la taille :
elle retira sa main et s'éloigna de lui.

Une très-grande difficulté à vaincre, en disant
un opéra, est celle de soutenir l'expression drama-

1. Mon bonheur m'a permis, il y a quelques jours, d'entendre
dire à mademoiselle Miollan le grand air de Montano et Stéphanie :
« Oui, c'est demain que l'hyménée ! » J'admirais comment cette
jeune cantatrice savait allier la candeur de la situation dramatique
avec la simplicité toute virginale de la mélodie de Berton. Que si
ce délicieux morceau, si délicieusement chanté, avait été dit d'après
la méthode convulsive, adoptée par une célèbre cantatrice de nos
jours, il y aurait eu mille fois moins de bonheur pour l'âme des
auditeurs ; mais aussi les habitués de la Porte-Saint-Martin auraient
frénétiquement applaudi.

tique pendant les redites si multipliées du chant :
c'est à l'acteur à la calculer de telle sorte que, par
gradation, l'expression augmente jusqu'à la dernière
redite : elle doit *seule* être accompagnée du geste
qui peut appuyer cette expression. Ce précepte m'a
été développé un soir de 1820, par Talma qui l'en-
tendait fausser par Laïs dans le rôle d'*Anacréon*.
Talma ne se gênait guère pour donner son impro-
bation sévère ; et comme je l'entendais répéter
entre ses dents : « F... bête ! F... bête ! » j'ai provoqué
l'explication que je viens de développer. Je la donne
aujourd'hui pour règle, et d'après le plus grand
maître de notre temps : ce maître ne cessait de répéter à ses élèves : « La multiplicité des gestes est
« encore plus disgracieuse que l'immobilité de l'ac-
« teur. Les gestes ne produisent d'effet qu'autant
« qu'ils sont rares et amples : c'est la voix et le jeu
« du visage qui doivent seuls produire l'émotion
« de l'auditoire. »

Il est un autre point sur lequel un célèbre pro-
fesseur, Monvel, ne se lassait pas d'insister ; il le
développait avec une verve toute persuasive. Je
veux parler de l'*émotion personnelle intérieure* dont
un comédien doit se préserver, s'il aspire à émo-
tionner son auditoire. Le lendemain d'une représentation d'*Athalie*, pendant laquelle nous avions
entendu Talma dire le rôle de *Joad*, Monvel nous fit
un éloge enthousiaste de l'admirable talent de son
camarade. Il nous disait que, dans ce rôle, Talma
s'était montré créateur presque à l'égal de Racine.

Il nous montrait comment l'auditoire avait été ému jusqu'aux larmes, jusqu'aux sanglots, en entendant les conseils donnés par le grand prêtre au jeune roi. « Supposez, nous disait-il, Talma émotionné lui-« même; il aurait parlé d'une voix altérée, il n'au-« rait plus été maître de sa respiration, et peut-être « aurait-il été forcé de porter ses mains à ses yeux « pour essuyer ses larmes. L'effet dramatique au-« rait été manqué complétement; car le public au-« rait peut-être découvert que l'acteur pleurait « mal. » Et, là-dessus Monvel ouvrit un *Racine* et nous lut, comme il savait si bien lire [1], cette belle scène qu'il proclamait le triomphe de Talma. En ar-rivant aux derniers vers :

« Et n'oubliez jamais que, caché sous ce lin,
« Comme eux vous fûtes pauvre, et comme eux orphelin. »

L'émotion gagna Monvel, dont les yeux se gon-flèrent et laissèrent voir des larmes. Il éloigna brus-quement le livre, et nous dit : « Vous le voyez, je « vous donne involontairement moi-même, moi « vieux comédien, l'exemple de l'inconvénient de « l'émotion personnelle. Il faut avoir des larmes « dans la voix et non pas dans les yeux, pour en faire « verser à son auditoire. On doit rester froid, oui

---

1. Monvel attachait une très-grande importance à la science de la lecture à haute voix. Il disait un jour à un condisciple de son fils qui suivait son cours : « Étudie-toi d'abord à bien lire haut; un « rôle est bientôt su quand déjà on est parvenu à le bien lire. »

« rester froid intérieurement aux scènes les plus
« touchantes ; à ce prix seulement vous pouvez cal-
« culer le jeu qui doit toucher votre public. C'est
« là l'écueil le plus difficile à éviter pour un jeune
« comédien ; et l'on ne parvient à l'éviter que quand
« on a appris, redit, joué son rôle à satiété. On doit
« être comme un chirurgien, qui ne pourrait s'émo-
« tionner des souffrances qu'il fait endurer au
« patient, sans risquer de manquer son opéra-
« tion. »

Selon Monvel, l'*émotion comique* pouvait être res-
sentie par l'acteur, sans autant de danger pour l'effet scénique que l'*émotion tragique*. Nous avons vu,
en effet, Dugazon jouer le rôle de M. Jourdain, et
s'amuser autant à lui seul que toute la salle. Le
comédien et le public riaient à qui mieux mieux.
Mais Monvel, en se repliant sur lui-même, trouvait
dans ses souvenirs que Préville et Dazincourt, en
prenant leur rôle au grand sérieux, obtenaient dans
le *Bourgeois gentilhomme*, un rire de meilleur aloi
que celui qu'obtenait Dugazon. Il disait avec raison : « C'est du rôle qu'il faut s'amuser et non pas
« du comédien. » Et, voyez un peu, Mademoiselle,
quelle différence existait entre le caractère de Talma
et celui de Dugazon. Le premier était très-gai, très-
ouvert dans les relations sociales ; mais il était tout
ce qu'il devait être sur une scène grande, grave et
sérieuse. Le second brûlait les planches dans les
rôles de Jourdain, de Sganarelle, de Crispin. Il était
morose chez lui et sérieux dans le monde. J'ai vu,

au Raincy, Talma jouer le rôle de La Branche, dans
Crispin Rival, et le dire avec plus d'entrain que
n'en mettaient Dazincourt et Michaud. Je n'ai pas
vu jouer à Dugazon de rôle tragique ; mais il a fait
de bons élèves pour la tragédie, et assez peu pour la
comédie. Je dois peut-être conclure de ces deux
contrastes, Talma jouant gaiement les livrées, et
Dugazon professant la tragédie, qu'un rôle est
toujours mieux joué quand il est en opposition avec
le caractère personnel du comédien. C'est qu'alors
il peut froidement calculer des effets scéniques qui
forment contraste avec ses habitudes du monde. Il
s'expose moins à se laisser gagner par une émotion
qui risquerait d'être exagérée, si elle se trouvait en
rapport trop direct avec les allures de son caractère
et de sa personne. Cette observation me paraît d'ailleurs en parfaite harmonie avec la recommandation
expresse de Monvel, à savoir de se défendre de
toute émotion intérieure, si l'on tient à produire
un grand effet scénique.

Sans aller chercher les anciennes célébrités de la
scène, nous trouverions un nouvel exemple du précepte de Monvel, et une confirmation de ma remarque dernière, dans le talent de la jeune comédienne
à laquelle ces notes sont adressées. Elle sait aussi
que de l'altération dans la voix, et de la brusque
interruption dans l'émission des sons, résulterait une
émotion qui ferait battre brusquement les artères,
et diminuerait momentanément la capacité des poumons et le développement du larynx.

Je ne veux pas conseiller, à Dieu ne plaise, au comédien parlant ou chantant de se faire une loi de l'insensibilité. Son émotion doit être contenue, réglée, calculée ; mais elle ne doit jamais aller jusqu'au spasme : cette contraction nerveuse entraverait le développement de ses moyens dramatiques et lyriques [1].

Après tout, il est des abus dans la manière d'émettre les sons vocaux, comme il en est dans la manière d'émettre la pensée d'un rôle. Dans l'un et dans l'autre cas, il ne faut ni trop ni trop peu. Crier un rôle n'est pas le chanter, n'est pas le jouer : c'est se déchirer les poumons en pure perte ; c'est s'exposer à détruire l'illusion de son auditoire, si la voix manque ; c'est perdre, pour un brillant succès d'un trop court instant, *et qui peut avorter*, la bienveillance d'un nombreux public, qu'un rôle bien chanté et bien joué vous avait acquise avant ce malencontreux forcement de voix. Notre monde est ainsi fait ; le mal reflète sur le bien ; mais le beau ne reflète pas sur le laid.

Je le sais bien, notre grand chanteur Duprez a pour règle de faire beaucoup ouvrir la bouche à ses élèves. Il s'est peut-être trop occupé de la puissance

---

1. Un physiologiste dirait que, pendant le sanglot, toute l'économie de l'action du nerf pneumo-gastrique est dérangée ; que le moindre dérangement dans ses fonctions trouble la voix, parce que ce nerf fournit des filets qui font agir le larynx et surtout les muscles de la glotte, où se forment les sons : ces filets, dirait-il, vont même jusqu'au cœur, etc., etc. Mais je ne suis pas médecin, heureusement, et d'ailleurs, et plus heureusement encore, vous n'avez pas besoin de la médecine.

3

d'émission des sons, et pas assez des moyens de la modérer. En effet, quand le son est lancé avec une bouche très-ouverte, il n'y a pas moyen d'en modérer la vivacité; car les poumons se dilatent en raison de l'ouverture de la bouche; et quand l'air sort des poumons et qu'il trouve une grande ouverture pour s'en échapper, il en profite et le fait sans modération possible. Il faut donc toujours aviser à ce qu'il n'en sorte pas trop brusquement; ce qui serait impossible avec l'*exclusivité* de la méthode de Duprez. Il en est de la voix comme d'un instrument à vent qui produit des sons forts, mais désagréables, quand toutes ses clés sont ouvertes.

Les sons ne paraissent doux, moelleux, que s'ils ont été assouplis, arrondis dans la bouche; ce qui est impossible quand elle est trop grandement ouverte, parce qu'ils n'y ont pas séjourné assez longtemps. Il faut qu'ils tournent, qu'ils circulent dans ses cavités, comme le calorique dans un calorifère [1]. Si le chanteur a de la voix, il risque de la rendre peu agréable par une trop grande ouverture de la bouche : elle ne peut s'ouvrir grandement sans que le larynx s'ouvre grandement

---

1 Parmi les cantatrices éminentes de notre époque, mademoiselle Louise Lavoy me paraît avoir poussé le plus loin l'étude de l'émission des sons vocaux. Si jamais cette virtuose prend la peine d'écrire le résultat de son expérience, ses leçons seront un précieux enseignement pour les jeunes chanteurs. Mais ils auront à juger si cette minutieuse étude de la pratique que mademoiselle Lavoy continue, même sur la scène, ne peut pas nuire à l'expression dramatique, et gêner, par conséquent, les acteurs qui ont l'habitude de se laisser entraîner par l'inspiration.

aussi ; et si le chanteur a peu de voix, il est bien
sûr, en suivant cette méthode, de n'en avoir bientôt
plus. Il en est de ce moyen comme de l'opium ad-
ministré pour faire dormir : par gradation on
augmente la dose au fur et à mesure de l'habitude
contractée par le corps, et cet abus finit par faire
dormir du sommeil éternel.

Mademoiselle Alboni, qui est, en fait de chant
et de voix, la perfection des perfections, donne-
rait, si elle le voulait, plus de puissance à l'émission des sons, en imposant à sa bouche une plus
grande ouverture. Quand on lui en fait l'observation, elle répond fort judicieusement : « Il faut
que je chante demain ! » Répondez et pensez comme
elle, et nous nous en trouverons tous très-bien.

D'ailleurs, cette grande ouverture de la bouche
défigure le visage d'un acteur, et plus encore celui
d'une femme, dont les traits sont plus fins que ceux
d'un homme : or, une comédienne n'a jamais trop
de beauté. Quand on a fait faire un grand effort de
dilatation à la bouche, elle met forcément plusieurs
instants à reprendre sa forme normale ; et le chanteur est obligé de faire, en sens contraire, des
efforts pour qu'elle puisse se contracter et revenir
à son point ordinaire. Vous le voyez bien, Mademoiselle, on devient laide pendant quelques moments : vous, et nous plus encore, sommes grandement intéressés à ce que vous ne le soyez jamais ;
vous ne seriez pas reconnaissable [1].

1. L'art, en thèse générale, on ne peut trop le redire, doit avoir

Ensuite, on n'y prend pas assez garde, les poumons, par un jeu obligé, se remplissent immédiatement après s'être vidés. La grande dilatation donnée au larynx y fait précipiter l'air avec abondance : ce mouvement, qu'il est impossible de régler, de modérer, produit de ces catastrophes, de ces *couacs* qui jettent tant de défaveur, même sur un chanteur aimé. Le *couac* est produit quand l'air sortant des poumons n'est plus en suffisance pour déterminer un son voulu ; et quand le besoin d'un son coïncide avec le vide instantané des poumons, le chanteur reste *à quia!* Un artiste qui a la voix juste et agréable, est un imprudent de tenter de la rendre, pour un instant, plus éclatante, par un moyen qui le

toujours pour but la représentation du beau, soit au théâtre, soit en peinture, soit en sculpture. Les princes de la peinture, fidèles au grand principe que l'art ne doit jamais rien offrir de désagréable aux yeux, se sont étudiés à montrer très-rarement, — les tableaux de batailles exceptés, — des figures à bouches entièrement ouvertes. Dans l'œuvre si nombreuse de Raphaël, on voit un seul personnage ouvrant grandement la bouche; c'est le possédé de la Transfiguration. — Dans l'œuvre du Dominiquin (232 tableaux), on remarque seulement le possédé délivré par saint Nil, qui ouvre entièrement la bouche. — Notre Poussin, dans plus de deux cent cinquante toiles, ne la fait ouvrir démesurément qu'à la vraie mère du Jugement de Salomon. — La femme du tableau d'un ordre moins élevé (de Monsiau), connu sous le nom du Lion de Florence, fait aussi une de ces rares exceptions qui, parce qu'elles sont rares, confirment la règle.

Si des grandes œuvres nous passons aux petites, je vous rappellerai la dernière exposition, au Palais-Royal, qui présentait deux marbres assurément fort ridicules : le buste de Dupont, le chanteur, et la statue de Philoctète. C'est à la trop grande ouverture de la bouche qu'était dû l'aspect si désagréable de ces deux ouvrages.

rend laid, et qui risque de la lui faire bientôt perdre.

Pour ces dernières raisons, les maîtres de l'art recommandent expressément de ne faire jamais jouer que le haut du visage. Les contractions du menton, de la bouche, les inclinaisons trop fréquentes données au cou et à la tête, les mouvements d'épaules [1], sentent leur petit peuple : il faut faire une station de quelques moments à la halle pour s'en convaincre. Les écoles antiques, la grande école de peinture italienne du xvie siècle et son école de chant, repoussent les exagérations données aux traits du bas du visage. Parmi les chanteurs italiens et français entendus à Paris pendant les quarante premières années du siècle, mesdames Maillard et Pisaroni ont seules contrevenu à cette règle. Les chanteurs français qui ont, depuis elles, suivi cette méthode, à commencer par Duprez qui l'a mise en vogue, ont eu grandement à se repentir de l'avoir eux-mêmes suivie. Ils n'ont pas pensé qu'ils devaient *chanter demain*; ils ont, pour eux comme pour nous, tué la poule aux œufs d'or.

Il faut bien s'en souvenir encore, rien n'est désagréable au public comme les petits moyens de jeu, de gestes employés à profusion dans le drame lyrique. Ces petits effets-là doivent être remplacés par les mouvements du front et des yeux, par l'ac-

1. Ce dernier précepte est applicable à la danse : une femme est, en effet, peu gracieuse quand elle jette les épaules en avant. Mesdemoiselles Plunkett et Emarot paraissent avoir le mieux compris que l'abus de ce mouvement peut être en faveur à Mabile; mais qu'il est, à coup sûr, de mauvais goût à l'Opéra.

centuation du chant, et surtout par une certaine
modulation de la voix de poitrine, la seule qui
puisse exprimer la passion, je l'ai déjà dit d'après
mademoiselle Raucourt. Quant aux gestes, ou plutôt
quant à l'abus des gestes, il n'est pas moins condamnable que l'abus du forcement de la voix. Se
démener comme un possédé, demander à chaque
seconde à ses bras, à sa poitrine haletante, à des
contorsions, à ses yeux effarés, d'appuyer un chant,
des paroles très-claires, c'est fatiguer son auditoire;
c'est l'inquiéter, c'est amoindrir une attention qui
doit être ménagée pour les grands moments. C'est
aussi indisposer le public, que de *souligner* à chaque
instant ses phrases : on semble lui dire que sa seule
intelligence ne lui suffirait pas, si le comédien ne
prenait pas ces petites précautions pour lui faire
comprendre les beautés du rôle.

Tous les arts se touchent de près; ainsi j'appuie
ces dernières réflexions sur la simplicité obligatoire,
pour le grand comédien, de l'inspection des statues
antiques. Les voyez-vous, par des gestes outrés,
exprimer les grands sentiments dont l'âme de leur
modèle est possédée? Examinez si la douleur de
la Niobé n'est pas exprimée par le seul jeu des
muscles du haut du visage? Et cependant, quelle
plus grande douleur a été jamais montrée par la
statuaire? Ces roulements d'yeux, que j'ai vus encore hier à l'Opéra[1], sont tout bonnement un abus

---

1. On jouait le *Prophète.*

du jeu muet ; et une belle jeune dame, qui les remarquait comme moi, les comparait assez justement
aux mouvements des Polichinelles de la foire, dont
une ficelle fait mouvoir les prunelles. Tel est l'effet
produit par l'acteur qui veut *trop jouer* : il touche
au comique, au ridicule. Comment revenir à émouvoir fortement l'âme, quand on vient, par de si
petits moyens, de distraire l'œil du spectateur?

Le jeu muet doit souvent, j'en conviens, accompagner le jeu parlé, chanté de l'interlocuteur. Ainsi,
quand une Valentine, que j'ai l'honneur de connaître, après avoir déjà fait entendre à Raoul, par
ses yeux et par ses phrases embarrassées, qu'elle
l'aime, le lui dit ensuite en propres termes ; je conçois bien qu'elle se cache immédiatement le visage
de ses deux mains, pour ne pas montrer qu'elle
rougit d'une passion condamnée par son devoir d'é-
pouse. Je conçois qu'alors elle cherche à s'éloigner
un peu de l'amant qui vient de connaître son secret. Et quand Raoul, transporté d'ivresse, s'écrie :
« Vienne la mort, puisqu'à tes pieds je puis l'atten-
« dre ! » je comprends que Valentine, en entendant
ce mot de *mort*, se retourne vivement vers Raoul à
ses genoux ; et que, par ses deux mains placées au-
dessus de la tête de son amant *qu'elle ne touche pas*,
elle semble vouloir le préserver de cette mort qu'il
envie. Tous ces jeux muets sont obligés, et j'admire la
comédienne qui les emploie si justement, et surtout
si simplement. Ils dépasseraient le but s'ils étaient
exagérés. Employés sobrement, ils prouvent qu'il

faut en user uniquement dans les grandes et rares occasions : s'en servir pour les petites, serait faire d'une scène chantée et parlée, une pantomime à l'usage des sourds-muets.

Les tragédies grecques se sont chantées, modulées ; et dans le xvi⁰ et le xvii⁰ siècle les tragédies françaises et italiennes se récitaient encore en stances modulées. C'était une sorte de mélopée qui pouvait être facile, agréable, surtout quand la Champmeslé disait les vers harmonieux de Racine. Il nous paraît extraordinaire aujourd'hui que les tragédies de Rotrou, de Corneille (les sonnets exceptés), se soient prêtés à cette sorte de récitation. Vers le commencement de la régence (1720 environ), Adrienne Lecouvreur réforma cette pratique, et substitua la déclamation parlée à la déclamation chantée. Ainsi, nos opéras de Lulli, de Rameau, de Marais, étaient, comme récitation, une variété de la tragédie [1].

Gluck a déterminé la séparation tranchée entre le drame tragique et le drame lyrique, séparation

1. Au théâtre Guénégaud, tout près de chez moi, de 1680 à 1720, brillèrent Baron, la Champmeslé, Adrienne Lecouvreur, etc., et, par un hasard dont, à coup sûr, je suis bien indigne, Racine est mort dans la maison où je demeure : la Champmeslé et Adrienne Lecouvreur ont habité et sont mortes dans la rue d'où partent pour vous ces pauvres notes sur le grand art du comédien, art que, malgré mon amour pour lui, je connais encore si imparfaitement. Il y a peut être bien longtemps qu'aucune comédienne célèbre ne s'est hasardée à entrer dans une rue aujourd'hui aussi sevrée de grands noms. Vous romprez le charme, n'est-ce pas ? et le continuateur de Charles Nodier enregistrera votre visite comme titre de gloire pour la rue des Marais-Saint-Germain.

qui a dû passer par Spontini; et puis, de nos jours, par Meyerbeer, pour arriver au point où elle est aujourd'hui. La déclamation enflée, ampoulée de Lekain, de Larive, de Lafond, était encore chargée d'un reste de tendance à la mélopée; les vers étaient scandés, accentués par eux d'une façon qu'ils pensaient harmonieuse. Mademoiselle Raucourt, Monvel, Talma, ont à leur tour réformé la manière de leurs devanciers, pour y substituer la récitation purement parlée, adoptée maintenant. Plusieurs chanteurs de notre époque se sont même imaginé de parler les récitatifs et les mots isolés de leurs rôles; ce qui produit une brusque interruption dans la mélodie, une sécheresse condamnable et de très-mauvais goût.

Les petits moyens d'attitude, de mouvements prétendus expressifs, sont tout au plus bons pour le vaudeville et le petit marivaudage. La tragédie —l'opéra actuel, c'est la grande musique appliquée à la tragédie—, le drame lyrique, doivent être interprétés à l'antique, c'est-à-dire simplement, noblement. Remarquez, en passant, combien peu il existe de statues grecques qui ne soient pas droites. D'après le sentiment de Talma et de mademoiselle Raucourt, l'art dramatique devait beaucoup gagner à les imiter dans leur simplicité. Rarement on remarquait chez eux des poses inclinées; ils étaient presque toujours, mais sans raideur et sans affectation, placés à angle droit avec le sol, à la manière des bas-reliefs antiques. Un comédien qui ne les prendrait pas pour modèles ressemblerait à ces personnages des tableaux de l'école maniérée du siècle de Louis XV, qui ne sont jamais droits sur leurs hanches. Louis David a eu bien du mal à faire revenir au style antique, au style vrai. Il en a peut-être un peu abusé lui-même, mais sa plus grande gloire est d'avoir réformé le style affété de la peinture française, telle que l'avaient faite Watteau, Vanloo, Detroy, Boucher, Lancret, etc.... De la peinture, cette réforme est arrivée au théâtre, non-seulement en ce qui concerne l'art du costume; mais encore en ce qui concerne l'art du comédien. Cette réforme, essayée vainement par Lekain, est devenue radicale par la persévérance de Talma et de mademoiselle Raucourt. L'un et l'autre la professaient; et mademoiselle Raucourt [1], non pas inférieure à Talma dans l'art de la scène, mais plus habile que lui dans le professorat, y revenait sans cesse dans ses leçons, comme Talma l'appuyait chaque soir par ses exemples.

1. Puisque dans ces notes, ou plutôt dans ces souvenirs, je me suis souvent servi des préceptes professés par mademoiselle Raucourt, il me faut dire quelques mots de plus de cette grande tragédienne. Passablement dissipée dans sa jeunesse, c'est-à-dire au temps où l'on fait encore plus de cas de sa beauté que de son cœur, elle était revenue assez tôt à une dignité de conduite qui ne s'est plus démentie : elle cherchait même à l'inspirer à celles de ses jeunes camarades qui prolongeaient outre mesure le temps d'excentricités alors très-pardonnées aux belles comédiennes. Elle avait pris une grande autorité sur plusieurs d'entre elles ; et, sans faire la critique des rebelles, je veux le raconter ici. Mademoiselle Mézerai fut celle qui profita le moins de ses avis. Un jour qu'elle l'avait chapitrée sur sa légèreté, après s'être élevée à un degré de vivacité d'expression assez ordinaire à sa nature, elle lui dit : « Tiens, vois-tu,

Je veux vous citer une assez petite circonstance qui vous fera voir avec quelle intelligence Talma descendait aux plus petits détails, lorsqu'il s'agissait de compléter ses costumes. En 1808, il croyait avoir terminé ses recherches sur la manière dont Néron devait être costumé dans la tragédie de *Britannicus.* Il allait paraître dans ce rôle, quand on lui apprit que le tableau du Titien représentant Néron venait d'arriver au Louvre. Il alla le voir, l'étudier, et s'aperçut que le Titien avait jeté autour du cou de Néron une espèce de cravate rouge dont la vivacité éclairait les yeux du personnage, et leur donnait un air terrible. Il adopta bien vite cet ajustement, et l'effet produit sur la figure du tragédien fut pareil à celui produit par le peintre. J'ai vu Talma, costumé en Néron, près de la toile du Titien ; et je m'étonne encore aujourd'hui de la ressemblance parfaite, effrayante, des deux figures.

« Joséphine, tu finiras mal, et tu avais tout ce qu'il fallait pour deve- « nir une femme accomplie. Songes-y bien, la poussière ne peut éter- « nellement voler en tourbillons : tôt ou tard elle retombe. Quand « elle s'abaisse dans un champ, elle se mêle et se confond avec la « bonne terre ; mais si elle s'abat dans l'ornière du chemin ou dans « le ruisseau de la rue, elle y devient de la boue ! » Mézerai se prit à pleurer à cette sanglante apostrophe, et puis elle l'oublia bientôt. La pauvre fille est morte dans une maison d'aliénés : sa pension de retraite payait des soins qui ne la rendirent ni à la santé du corps ni à celle de l'esprit. Ainsi se trouva justifié ce pronostic de mademoiselle Raucourt, qui m'est revenu à la pensée quand j'appris, en 1823, la triste fin de cette belle Mézerai, femme d'une si rare intelligence, et peut-être alors le meilleur juge du comité de lecture du Théâtre-Français.

Il ne m'a pas été donné de connaître particulièrement de tragédienne lyrique ; mais j'ai eu le bonheur de voir très-souvent, dans ma grande jeunesse, une éminente chanteuse de Feydeau, madame Scio, qui a eu aussi, comme comédienne, une très-grande et très-juste célébrité. Elle jouait, je m'en souviens, avec une grande simplicité : je crois bien qu'elle produisait de grands effets à cause de cette même simplicité. Je n'avais pas encore assez d'expérience en 1806, époque à laquelle elle mourut à quarante-trois ans, pour pouvoir la juger et pour vous proposer ses préceptes pour guides. Le travail, des veilles imprudentes, pas assez à temps interrompues, avaient, je le sais, hâté sa fin.

Et puisque j'ai parlé des veilles qui ont été si nuisibles à madame Scio, je vais insister pour que vous preniez en très-grande considération des observations qui sembleront à vos amis d'un intérêt majeur : il s'agit ici de votre santé d'artiste et de votre santé de personne privée qu'on aime tant à aimer [1]. Voici ce que je dirais à ma fille ; et si vous saviez combien elle vaut, vous m'approuveriez quand je rapproche également ma pensée de vous deux. Écoutez-moi donc !... Vous devez, deux ou trois fois par semaine, paraître à l'Opéra, où vous avez à dépenser une certaine quantité de forces vitales et

1. Si cette locution de *aimer à aimer* pouvait vous paraître un peu hasardée, je vous rassurerais en vous disant qu'elle n'est pas du tout de moi ; mais bien de saint Augustin, qui l'a employée dans ses Confessions.

de forces intellectuelles ; vous en sortez tard : c'est
donc tout au plus si, trois fois par semaine, vous
pouvez commencer à dormir à une heure du matin,
c'est-à-dire quand la nuit est à moitié passée. Tout
cela est indispensable à votre profession, à nos plai-
sirs aussi : il faut s'y résigner ; je passe là-dessus
condamnation. Mais n'est-ce pas bien assez de ce
grand labeur, continué encore dans le jour par
vos études diverses? et les autres nuits ne doivent-
elles pas être employées tout entières à vous reposer,
et à réparer par le sommeil, les fatigues obligées.
J'ai causé de cette circonstance avec plusieurs des
premiers médecins de Paris ; et l'un d'eux, qui
ne vous connaît pas même de nom (le barbare !),
s'étant aperçu du grand intérêt que je mettais à
soutenir que le sommeil de jour n'était pas suffi-
samment réparateur, a bien voulu m'apporter la
note que je vous adresse en original. Cette note sent
par trop son praticien ; vous ne pouvez donc pas la
supposer rédigée sous mon influence ; et d'ailleurs,
aurais-je jamais osé craindre que votre caractère
devînt acariâtre? Aurais-je jamais osé vous menacer
de tous ces maux en *ie* qui semblent une suite des
menaces de M. Purgon ? Ce qui me fait le plus peur
dans cette note, ce sont les deux phrases soulignées
par moi ; et puis j'ai craint aussi le besoin d'*aller
en Italie*[1], pays où les chanteurs usés portent leur

1. Allusion à une pensée qu'avait eue mademoiselle Poinsot,
d'aller en Italie, pensée que j'ai combattue.

personne, et d'où ils ne rapportent qu'elle, quelquefois sans la santé, mais toujours sans la voix. Heureusement que je puis vous parler de tout cela sans
inquiétude. Faites, je vous en supplie, que cette
confiance continue : j'aurais vraiment trop de cha-
grin le jour où il me faudrait la perdre. « Il ne faut
« pas, quand le tard arrive, avoir à solder les comp-
« tes arriérés de la jeunesse. » Ce vieil adage persan
est aussi fait pour les chanteurs.

Voilà finie la tâche que je m'étais donnée ; absol-
vez-moi, je vous en prie, de sa prolixité. Les vieilles
gens abusent quelquefois de la causerie : cet abus
a une légitime excuse aujourd'hui ; car j'ai eu l'intention, la témérité, si vous l'aimez mieux, de vous
être un peu utile. D'ailleurs, ne m'avez-vous pas
permis de me dire votre ami ? *Amitié oblige* aussi,
et surtout à y *penser toujours*.

Je vous renouvelle, Mademoiselle, l'hommage
de mon bien respectueux attachement.

FAILLY.

Paris, le 3 janvier 1852.

POST-SCRIPTUM.

Si le peu de personnes qui me liront venaient à prétendre que, n'étant ni musicien ni comédien, je n'ai aucun droit de venir ici dogmatiser sur des sujets que je ne puis pas savoir *ex professo*, je me permettrais de leur demander si les ouvrages d'art sont produits exclusivement pour ceux qui savent en composer? le contraire est probablement la vérité. Évidemment ce n'est ni pour les poëtes, ni pour les musiciens, ni pour les peintres, ni pour les statuaires, que travaillent les poëtes, les musiciens, les peintres et les statuaires : ce ne sont pas eux qui ont fait la renommée de Racine, de Grétry, de Gros, d'Ingres ou de Pradier ; et on pourrait même prouver qu'elle s'est faite malgré leur critique, critique d'ailleurs assez maligne, et dont le public, pour qui, en définitive, les ouvrages d'art sont composés, a fait bonne et éclatante justice. Si la critique d'un opéra ou d'un tableau devait être faite par un compositeur ou par un peintre, ils les jugeraient forcément d'après leur manière de produire, qu'ils trouvent sans doute la meilleure, sans quoi ils la changeraient. Ils jugeraient favorablement les seuls ouvrages qui ont du rapport avec leur talent : et si une œuvre musicale ou de peinture était jugée par un musicien ou par un peintre contemporains qui eussent constamment échoué dans leurs compositions, ils auraient grand'peine à ne pas montrer de jalousie, d'envie même dans leur jugement. Ils condamneront nécessairement des principes qu'ils n'auront pas su appliquer ; ils pourront ainsi faussement apprécier des ouvrages que le public, seul juge et bon juge, aimera et protégera. Au lieu d'être réellement les interprètes du jugement, du sentiment du plus grand nombre, ils présenteront dans leur critique l'expression de leur rancune contre un public qui les a condamnés eux-mêmes ; ils voudront le condamner à leur tour, en cherchant à prouver qu'il a tort d'avoir du plaisir ; c'est-à-dire qu'il a tort d'avoir raison.

Je conclus, des observations qui précèdent, que les ouvrages d'art ne peuvent pas être jugés avec une suffisante impartialité par des artistes contemporains dont la profession est d'en composer d'analogues. Je sais bien qu'ils auront, à leur tour, le droit de prétendre que, pour bien apprécier un art quelconque, ce n'est pas du tout un mal de le savoir, et que je ne sais pas. A cela je n'ai rien à répondre ; ils ont malheureusement raison.